いすみ鉄道公募社長から、知事選に出馬

師匠との出会いと信じる力

吉田 平氏が語る！

著者 吉田 平
工藤直彦

まえがき

師と仰ぐ人の言葉を、信じ切り、無茶と思うようなことでもやる。実際に、これはできるであろうか？　これをやっているのが、本書にメインゲストとして登場する、千葉県でバス・タクシーのグループ会社ビィー・トランセホールディングスを経営している吉田平氏です。

人生の師と仰ぐ、寒竹郁夫氏（デンタルサポートヘルスケアグループ）と出会い、その中で、寒竹氏の言う事を受けきる、信じきる生き方をする。

会社を引き継いで、これからという時、師匠の一言、「お前、鉄道やりたいんだろう？いすみ鉄道に行け！」により、いすみ鉄道の社長に公募。そして、社長就任。１年もしないうちに、今度は、当時の千葉県知事　堂本氏より、「６１０万人、千葉県民のための公の仕事は本当に素晴らしい仕事ですよ。やってくれませんか？」と言われ、知事選に出馬。知事選に立候補したことからの縁で、東京駅と成田空港間の高速バス事業に参入できた。しかし、時は、コロナ禍。生き残りをかける中、経営理念「人が移動したいというニーズに対して、安心で快適なサービスを提供することを通じて、社会に貢献します。」を貫く決断をした。

もう一人のメインゲストの工藤直彦氏は、論語、哲学、心理学などを学んでおり（著書『ビジネス訳論語（安岡活学塾編）』ＰＨＰ）、音楽事務所アーティスティックコミュニティの代表（本人は、ミュージシャンでもある）です。ちなみに、「万代宝書房」の名付け親は、工藤直彦氏です。

私はお二人との自然会話形式の鼎談をし、その内容は、まさに「知恵は万代の宝」と感じたのです（収録：二〇二一年六月二四日）。

この度、「万代宝書房 万人の知恵チャンネル」で放映したお二人のライブトークの内容をテープ起こしして書籍化し、「人類の宝」として、国会図書館に贈呈し、後世に残すことにしました。

「人は幸せになるために生まれてきている」といわれています。しかし、我々は、「成功するための勉強」はしても、「幸せになるための勉強」は殆どしていません。本書が、「幸せになるための勉強」の一助になれば、幸いです。

二〇二一年九月吉日

万代宝書房 代表　釣部 人裕

もくじ

第一章　45歳で千葉県バス会社の２代目社長に！

万代宝書房
万人の知恵
CHANNEL
35歳でリクルートからバス会社の2代目
ダイヤ改正で労働組合からバッシング…

千葉県でバス・タクシーのグループ会社ビィー・トランセホールディングスを経営している吉田平氏。

バスの認可制度の現実、２代目としての洗礼、ダイヤ改正後に運転手からバッシング。そして、それをどう乗り切っていったのか？

人生の師と仰ぐ、寒竹郁夫氏（デンタルサポートヘルスケアグループ）と出会い、その中で、寒竹氏のいうことを受けきる、信じきる生き方をすることに…。

1、息子はとんでもないが、会長を信頼している

釣部：皆さん、こんばんは、万人の知恵チャンネルの時間になりました。今日は千葉県から吉田平さんに来ていただいております。どうぞよろしくお願いいたします。また工藤直彦さんに来ていただいております。よろしくお願いいたします。では吉田さん簡単な自己紹介お願い致します。

吉田：千葉県、千葉市内で、父が創業しましたバスやタクシーのグループ会社でビィー・トランセホールディングスという会社を経営しています。2代目です。従業員が約３５０人で、今コロナの厳しい時ですけども、バスやハイヤーの車両が１８０台の会社を経営しています。昭和34年生まれですから、今61歳になりまして妻と長女がいます。

釣部：工藤さんお願い致します。

工藤：いつもありがとうございます。音楽事務所をやりながら哲学の私塾をやってお

ります。工藤でございます。本日もよろしくお願いします。

釣部：吉田さんは、バス会社を運営されていると言いますけど、バス会社は、そんな簡単に経営できないですよね？

吉田：そうですね、その例えばバスの中にも種類がありまして、大きく言うと観光バスとそれから地域の路線バスと、あとは最近だとやはり都市間を結ぶ高速バスという大きく3つぐらいの括りがあります。

父がもともと、千葉房総半島の南端で雑貨屋でしたけど、どうしても現金商売をやりたいということで、私どもの会社は、昭和40年に

◆ビィー・トランセホールディングス株式会社
（コーポレート名称：BE-TRANSSE）
〒261-8501
千葉県千葉市美浜区中瀬1-3
幕張テクノガーデンD棟10階

◆創業の心
お客様のために我々はどうするか

◆グループビジョン
人を信じ「挨拶」を大切にする日本の心を働く人々の幸せとともに広げ、地域に、そして社会に貢献します。

◆経営理念
人が移動したいというニーズに対して安心で快適なサービスを提供することを通じて社会に貢献します。

◆グループ企業
平和交通株式会社
あすか交通株式会社
西岬観光株式会社

タクシー5台でスタートしました。そこからタクシー会社がスタートして、バス会社2つ作ったんですけども、埼玉県に行けば、国際興業さんや西武さんのような路線バスの会社は大手の鉄道系列しかほとんどやっていません。首都圏の場合は、その中で本当に小さなタクシー会社から路線バスの免許を取る、通産省から認可を頂いたというのは、戦後初です。そのような会社で、ある意味では、今は自由化ですから、すごく自由になってきていますが、地域の路線バスの免許はなかなか当時は取得できなかった中で、そんな事業を父の代から手掛けているという事です。

釣部：バス路線をここに通らせたいと言って申請して通って、バス停はここでとか、何時から運行は1時間に何本でとか…。全

企業理念

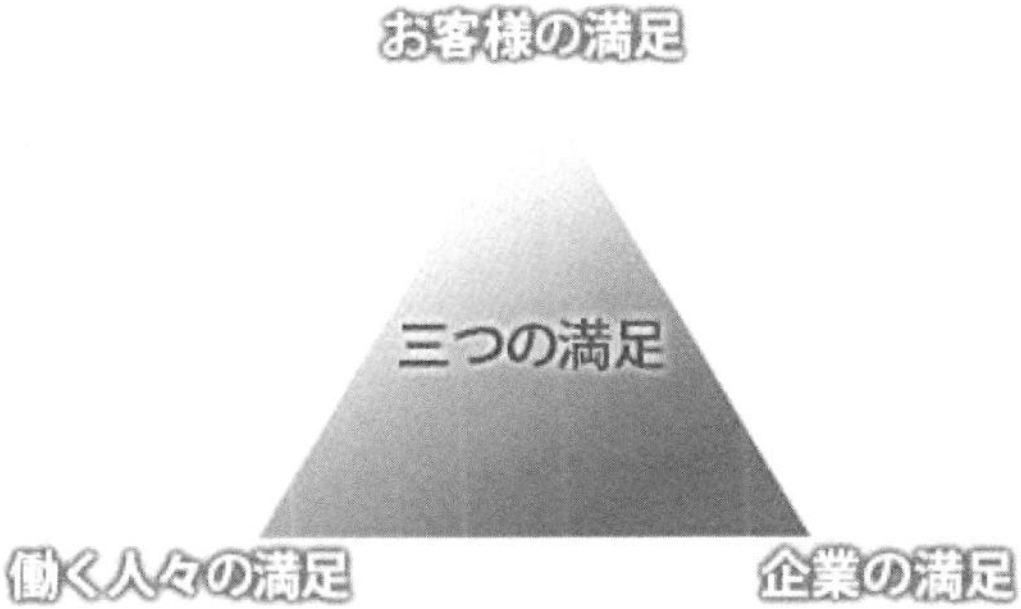

「お客様」の満足、「働く人々」の満足、「企業」の満足の三つの満足が、バランスのいい正三角形をなし成長していく会社を目指します。

然わかんないんですけど、1台のバスで1日何回くらい周っているんですか？

吉田：それは色々なパターンがあります。でも結局お客様が乗る時間帯は、今はコロナで厳しいですけど、朝の通勤時間帯と夜じゃないですか。昼間も動きますけれども、だから運転手さんとしては、朝、住宅団地と駅との間を、例えばうちでいくと、どうですかね3～4往復ぐらいして、勤務の仕方としてそのまま昼までやるケースもありますけど、やっぱり朝と夜が多いので、一旦家に帰って、夕方また出勤してきて夕方5時くらいから遅ければ夜中の12時ぐらいまで何便か、7往復くらいですかね。そんな勤務の仕方です。

釣部：その戦後初とのことですが、本《もと》はタクシー会社ですよね？　それが、バスを申請しようと思ったのは、何か理由はあるんですか？

吉田：タクシーの会社は、皆さんも昔だとなんとなく思い描けると思うんですけど、駅ごとに、入れるタクシー会社が決まっていたんです。それは当然タクシーの会社でも大手の会社しか、池袋だったら入れる会社がここしか入れませんよ、と当然決まっているわけです。
父は田舎から出てきて、千葉市で新しい免許を取りました。ですから千葉駅は誰でも入りたいじゃないですか？　しかし、後からでは千葉駅に、入れないわけですよ。そんな中でも仕方なくというか縁があって、千葉駅の隣の各駅停車しか止まらない、西千葉駅というところがあるんですが、その西千葉駅はほんの小さな駅だったんですけど、たまたま西千葉駅の海側に、千葉市で最大の公団の住宅とを結ぶ大手の会社のバス路線があったんですが、当時労働組合とかの問題もあって、お客さんがすごく多いのに夜も運行本数が少ないのと9時過ぎで終わっていたんです。ですので、タクシーがすごく動くじゃないですか？　ところがあの当時違法でしたが、1台のタクシーに例えば1人とかが乗るんじゃなくて、何人か乗っちゃうと、その分運転手さんに現金が入るじゃないですか？　そのような違法な乗り合いがスタートしたんですけど、それを今のセダンのタクシーではなくて…。10人乗れるタクシーにしたのがバスになったきっかけです。

釣部：それで免許を取って路線をどんどん広げていこうという、戦略になったと…。

吉田：その事業の展開の中で厳しいのは、絶対理解いただけると思いますけど、バス停がないとお客様が乗り降りできないじゃないですか？　一番多くお客様が乗り降りする所は駅じゃないですか？　駅には、既存のバス会社のバス停があって、もうどこの会社も入れないというようになっている、そこの隙間を狙っていろんな形で努力したっていうことが一番のベースです。

当社G路線バス写真

釣部：では、駅でちょっと道路の向こう側とか離れたところにバス停があるのは、そういう理由なんですか？

吉田：大手が入れさせないんですよ。例えばダイヤが少なく密ではない、バスのダイヤがあるじゃないですか、でも入れさせないんです。認可は、例えば池袋駅のバス停の所は、東京都の認可なんですよ。でも、それをＯＫするかどうかは既存のバス会社がＯＫしないと入れないなので、まさにおっしゃったように、ちょっと離れたり、隙間のところでということでやってきた会社です。
　それは千葉にはそういうチャンスがあった、多分埼玉にはなかなかチャンスはないです。横浜にもあまりチャンスはないと思います。

釣部：それで先代がそういう形をして、その跡を継いだということなんですね。

吉田：そうですね。

釣部：吉田さんは、倫理法人会にも入っていますけど、跡を継いだタイミングと倫理法人会に入ったタイミングはどっちが先なんですか？

吉田：継いだ方が先ですね。

釣部：継いだ方が先、では、その先代を継いだ時っていうのはいきなりですか？

吉田：いや、大学を卒業してサラリーマン生活はリクルートという会社に12年間いました。どちらかというと営業とか企画で名前を聞いたことがあるかもしれませんが、激しい会社で、東京で12年間サラリーマンをやって、35歳の時に父が経営する西岬観光、あすか交通、平和交通というタクシーとバスの会社の中のバス会社に入社しました。私には、２つ上に兄がいます。仲いいんですけど、でも父はやっぱり兄弟が同じ会社で仕事をすると後々よくないということで、兄が創業の西岬観光でタクシーを任されてもうやってまして、私には、バスを任せたいということで35歳の時に父の会社に入ります。

リクルートは物凄く楽しかったんですよ。給料もいいし、だから全然辞める理由なかったし、別に「跡継ぎとしてやれ！」なんてことは父から昔から全く言われてませんよ。「お前は自由にやれ！」と言われていましたから、ただその

バスやタクシーのグループ会社

35歳の時に、父がちょうど62歳くらいですかね。将来どうするかと考えたんだと思うんですけども「経営者であれば、どんなことがあっても、最後は良い悪いは別にして、全部自分で決められるよ、ぜひやってみないか？」と父に言われて、35歳の時にやる！と決めました。それから倫理法人会入会までは10年の歳月があります。

釣部：そこでは色々、2代目の方は先代とのことがあったりして、大変だったんですよね？

吉田：先代、父との間ということよりも、最初にやったのはバス会社ですから、「運転手さんの気持ちをどうやって分かるか？」ということで現場の仕事をするしかないですから、簡単にいえば、バスの運転をすることですね。ですから、大型二種免許という皆さん多分普通は持ってらっしゃらないと思うんですが、二種免許を取って、2ヶ月半ですけど、とにかく役員大反対、事故を起こしたら大変なことになるということで大反対でしたけれども、その路線バスの仕事を2ヶ月半やりました。運転手さんの気持ちとか、現場の気持ちを分かりたいと言って始めました。

ところが、総務部門に移った時に以前リクルートに勤務していたじゃないですか？

だいたいパターン分かりますよね。父親の会社の非効率さ、だいたい２代目というのはそれを改革しようとするじゃないですか？　運転手さんの気持ちを分かろうとして、運転手をしたのにもかかわらず…。簡単にいうと、駅と住宅、住宅と駅の間をピストンしている、路線バスの休憩時間があまりにも多すぎるということが自分でやったからわかる。自分で運転して帰ってきて休憩、運転して帰ってきて休憩、なんでこんなに休憩時間多い、だったらもっとピストンでやったら効率いいじゃない？　とこれは多分普通のビジネスマンだったら誰でも思います。

でもそれを２ヶ月半やった後の総務部門に移った時に、それはダイヤ編成というんですけど、大幅にダイヤ改正したんです。簡単に言えば、運転手さんが１日10回するところをですね、同じ労働時間の中で11回やったんです。ですから、労働強化した途端に、１年後に日本で１番厳しいといわれる、左翼系の労働組合の幹部と運転手さんの９割が加盟して、「団体交渉させて欲しい。２代目ふざけんな！」とその洗礼にあいました。

釣部：工藤さん、ここまでお聞きになっていかがですか？

工藤：いや、ひとつひとつが壮絶すぎるので…。あのリクルートといったら、もうスーパーエリートですよ。私もあそこ出身の創業者を何人も知っていますけれど、もれなく全員優秀ですよ。キレッキレッですよ。それが田舎と言ったらご無礼ですけど、ちょっとあのほんわかした町の、そういったところで働いている方達に、そのリクルートカルチャー持ってきたら、びっくりしちゃうとは思いますよね。

吉田：東京と千葉、千葉に戻ってきて何が違うかというと、スピード感が違うんですね。やっぱり東京のビジネス環境と比べて千葉の人々はみんなおっとりしています。それでもう大反発でしたね。

工藤：組合が乗り込んできちゃったんでしょ。それは大変ですね…。

釣部：団体交渉ですか？

吉田：団体交渉もやりましたよ。でもこれは倫理を学ぶから、後でわかったことですが、その運転手さんは、「吉田平、ふざけるんじゃない、こんなダイヤボロクソにしやがって！」ということですけど、その外部団体が何を交渉したかっていうと、全部賃金交渉なんですよ。いわゆる賃金の平均的な世の中の常識の倍のアップ、それから賞与も常識の倍の賞与をよこせという交渉で、毎回、運転手さんと一緒に来るメンバーがいますけども、彼らは吉田平が自分達の生活のベースになるダイヤをめちゃくちゃにしたから改善しろと言いたい。当然賃金の件もありますけども、世の中とかけ離れた内容だったので、その団体交渉に段々段々、運転手さんが出なくなりました。

結果的に、最終目的はですね、組合員にして、それで賃金を上げた分のいわゆる何パーセントかを自分らにバックさせるという、結局お金の目的でしかないというのが、運転手さん達も薄々わかってきました。もうこっちはあるところから、完璧にそれが分かったので、「もう絶対に妥協しない！」とこれは私ではなく、父ですね。

いわゆる会社が間違っているところは、ダイヤの中身にしても、そういう休憩の問題にしても労働基準法上、間違っているところは、私が正されなければいけないということで、父は運転手さん達のことはちゃんと聞き入れるけれどでも、言われのないお金は絶対払わないということで頑としてやる中で、言ってしまえば、理不尽な要求がどんどんエスカレートしていきましたので、運転手さん達も徐々にヒートアップした幹部以外、みんな組合から離れていきました。

釣部：それはどれくらいの期間ですか？

吉田：それがですね　これも本当に不思議なんですけど、１年でその労働組合ってなくなったんです。１人でもできるんですよ。いわゆる、もうふざけんなってこともありますし、１人でもちゃんとして残れる組合が１年後になくなってしまいました。私も倫理法人会に入っていませんでしたから、その時何で無くなったかってのが全くわからなかったです。さっきの給与を無理やりのところもありましたよ。でも、給与上げてくれるということに対して、運転手さんはＮＯではないじゃないですか？　だからそういったことに、その吉田平に反発がある人間も、それから、ある程度その組合的な事によって会社をこう攻め立てることに対して、やっぱり賛同する運転手さん、当然最後までいましたよね。でも１年後になくなってしまいました。こういう組合活動の問題の中ではありえないと言われました。

釣部：今なら、理由はわかるんですか？

吉田：今はもう倫理を学びましたから…。これはある意味、**父の人徳ですね。吉田平は**

ふざけんなだけども、会長は違うということをどこかで運転手さんが分かってくれたことですね。息子はとんでもないけど、「会長は俺たちのことをそんなふうなことにしようと思っていない」ということがやっぱり運転手さん達の中で分かったわけですよね。吉田平はとんでもないんですよ。

釣部：吉田さんも、そこで何か変わられたんですよね？

吉田：それはやっぱりですね、実はその時に今の経営理念を作っているんです。だから本当に現場の運転手さんが一番のことだなというのがわかったというか、それでもちょっとですね。

釣部：今の理念としては**「人が移動したいというニーズに対して、安心で快適なサービスを提供することを通じて社会に貢献する。」**ですよね。

収録の様子

吉田：そうですね、**人の移動をやっていく基は運転手さん**だなというのが、その労働組合の問題で気が付きましたけど、でも本物になってないです。その時は…。

2、寒竹さんとの出会いと信じる力

釣部：その後倫理法人会に入るんですが、そこで寒竹郁夫さんという千葉の…。

吉田：訪問歯科診療を全国展開している方。

釣部：ちょっと僕は歯科医療業界にいたものですから、寒竹さんの名前はよくお聞きするすごい人だと…。その方が師匠と言いますか、メンターと言いますか…。

吉田：一生の師匠ということで周りにも言っていますし、本人にも言っているんです。

釣部：それはどういう出会いで寒竹さんとは…。

吉田：寒竹さんとはですね、これは経営者団体の名前を言ってしまいますけど、商工中金さんの名古屋の勉強会の帰りに、たまたま新幹線で隣同士になりました。自分がチケットを取っていれば絶対隣同士にはならない。寒竹さんも自分で取っている訳ではなく商工中金さんが取ったので隣同士になりますね。経営者が隣同士で銀行の勉強会で一緒だって言えば、絶対話をするじゃないですか？

そうして、どこの出身ですかとか、そんな会話の中で寒竹さんは私の２つ上なんですけども、千葉の船橋高校出身です。兄は、私の二つ上で船橋高校出身ですから「同級生ですね」という話なんですが、私が、「平」で兄は「均」。兄弟合わせると「平均」なんですけど、それはちょっと笑い話ででも本当は「均平」ですよ。「お前は均の弟か？」って事になったんです。同級生ですから、さらになんと当時４００人いる、船橋高校の１学年の中で同じク

一生の師匠：寒竹郁夫さん

ラスでもう下から10番目の成績を争っている、大親友と分かって、新幹線の中でですね。

寒竹さんは、千葉市美浜区倫理法人会の当時会長ですから、当然モーニングセミナーに来いよとなるじゃないですか。兄は当時タクシー会社の方を父が社長で手伝っていて、私はバス会社を手伝っている中で、モーニングセミナーに行くんですけども…。

寒竹さんを、師匠というのは、これはもう理屈じゃないですよね。小さい時に私は兄のことが大好きで、2歳下でしたけども、常にその兄の友人としか遊ばないような幼少期を過ごして、もう兄のことが大好きで追っかけていた。それが何らかの形でその寒竹さんとの出会いで、兄との今というか、その時には寒竹さんと兄の親交はもうなかったですよね。

同級生ってことがありましたけどもそこにこうなんかオーバーラップしてその寒竹さんとの出会いがその事業経営者としての何て言ったらいいでしょうか、もう師匠になってしまったと。理屈では

◆DSヘルスケアグループ
デンタルサポート株式会社
〒261-8501
千葉県千葉市美浜区中瀬1-3
幕張テクノガーデンD棟17階

DSヘルスケアグループは、これからの日本の医療・介護に新しい風を吹き込もうと、在宅医療の推進を中心に、包括的医療の実現、グローバル展開など、今までにない取り組みを行っている。

ないですね。それは倫理の出会いですけども…。

釣部：会ってお話したら、もうこの人についていこうって思った…。

吉田：もうその時に思っちゃった。その一瞬もそうですし、やっぱり倫理法人会のモーニングセミナーでのいろんなその一つの流れとか、寒竹さんと一緒に古事記とかね、あるいは日本のもっと古いその文献の勉強会みたいのを1年間一緒にやろうって言って…。

釣部：ホツマツタヱの…。

吉田：一緒にやったりしたことが深めていったきっかけですかね。

釣部：会った瞬間について行こうみたいなことは、よくある話ではないでしょうね。

ホツマツタヱ
「ヲシテ」なる「文字」（いわゆる「神代文字」の一つである）を使っているいわゆる「ヲシテ文献」のひとつ。『古事記』『日本書紀』の原書であると根強く考える者も一部に存在する。

工藤：よくはないでしょう。だからその本当に深いご縁を感じ取る力と、あとを**信じきる力って、これって現代人、結構欠けている能力**じゃないですか？　信じきれないとか穿った見方しちゃったり、えっ？て思うようなことを感じてしまう、そこのところが寒竹さんと吉田さんの間にはなかったんでしょうね。それがすごい話ですよね。

小さい時、兄の事を大好きで
いつも一緒だった

学生時代バレーボールに熱中

後輩が描いてくれた似顔絵

第二章　いすみ鉄道社長と千葉県知事選出馬

師匠の一言で鉄道社長へ！東大超えの難関突破も勇足で千葉県知事選挙へ…

会社を引き継いで、これからという時、師匠の一言、「お前、鉄道やりたいんだろう？　いすみ鉄道に行け！」により、いすみ鉄道の社長に公募。そして、社長就任。１年もしないうちに、今度は、当時の千葉県知事　堂本氏より、「６１０万人千葉県民のための公の仕事は本当に素晴らしい仕事ですよ。やってくれませんか？」と言われ、知事選に出馬。64万票集めるも落選。当選したのは、あの森田健作氏。そこで、得たものと失ったものは何か？

1、車の中での会話から

吉田：35歳の時にリクルートをやめて父の会社に入ってちょうど10年で…。何ていうか、リクルート時代の営業ノウハウを出し切ってしまったタイミング。事業規模は拡大し、売上、利益は上がっているんですが、テクニック、ノウハウが空っぽになった時に出会っちゃった感じです。経営という言葉で言えば、「営」の部分に自分の心は全部奪われていた時で、それのノウハウが出尽くした時に、どちらかというとこう縦軸「経」の人に出会ったっていう感じですかね。なんか、その感覚的な話ですが。

釣部：その後に寒竹さんが言うことは全部、基本的に**「はい」**か**「イエス」**で実践されて…。

吉田：そうです「受けきる」という一言に尽きます。それはもう倫理の学び・実践の中の一つ。これもあとから自分を見た時の姿ですね。**「全部受けきった」**と、ある意味、言えます。

釣部：それは、決めた時にした訳じゃなくて、結果的に今振り返ると…。

吉田：振り返ると当時、「お前、これやれよ」と、それは当然倫理法人会に入会すれば最初、「幹事やってくれ！」と言われるでしょ。それがあります。皆さん、だいたいその話は来ますよね？「分かりました！」でやりますよね。一生懸命やっていました。

寒竹さんが会長終わります。もう別な人が会長予定だったんですよ。だけど、何故かその方が会員を辞めてしまったわけです。「平」、「吉田平」ですから、もう寒竹さんにとってみれば可愛い子分というか、子弟みたいなもんですから、「平、やってくれないか？」「はい、わかりました！」とやるじゃないですかね。寒竹さんは、単会の会長終わった後に県の副幹事長をやりましてね、普通だったら他の地区長とか、いろんな役やるじゃないですか。それをやらずに、ポーンと副幹事長になりその後、千葉県の会長になっちゃったわけですよ。県会長に突然なっちゃやって、40代ですからね、その時にこれも色々ありますが、とにかく事務長やってくれないかと…。県の事務長ですね。

単会の会長2年で3年やる予定だったのが、「県事務長をやってくれ」と言われたので、わかりましたと…。

釣部：この辺から、「わかりました」とは、なかなか言わないですよね。単会の会長も言う人と言わない人がいるけど、比較的やるかもしれないけど、その後はちょっと、「はい」と言う人はなかなかいないわけじゃないでしょうけど、あんまりいない、県の事務長やられて…。

吉田：これは、県の会長を経験すると、そういう人は大体分かりますが、当然、寒竹さんも突然会長になったので、県の皆さんに知られていません。9月からもう全部の単会を講話で回りました。千葉県46単会ありましたけども、自分も、その後県会長をやりますから分かるんですけど、1人で全単会を回るなんてやってられない。私は師匠ということもあったんですけど、必ず全部一緒に周りました。家が車で10分ぐらいの距離ですかね、そういうのもあったので、どちらかと言えば寒竹さんが車好きなので、寒竹さんが迎えに来てというか、それで常に二人一緒に全県を講話で回るじゃないですか。

釣部：朝の4時とかですよね？

吉田：そうですね、講話で周りますから、絶対車で一緒に行きますよね、そうすると経営者ですから、お互いに夢とか語るじゃないですか？

私の夢は父がタクシー事業からバスの事業をやって、路面電車をやりたいんです。実は池袋、豊島区にも計画があるんですよ。千葉に路面電車ＬＲＴ走らせたいんです。ライト・レール・トランジット、ヨーロッパとか今度宇都宮で全国初めてゼロから始まりますけども、そういったような夢を当然経営者同士ですから、行き帰りで話をしていたんです。

フランス（ストラスブール）
ＬＲＴ

そしたら、寒竹さんが私に事務長と言われた時に、今でも鮮明に覚えているんですけども、「事務長の最大の役割は広報だ」と言われたんです。普通、事務長といえば、事務局統括だったり、お金のオペレーションだったり、予算管理だったりするじゃないですか？「そんなもん事務局があるんだから任せとけばいいじゃない。とにかく事務長の

日本富山ＬＲＴ写真

最大の役目は広報だ。ロータリーやライオンズに比べてあまりにも倫理法人会は内向きな組織で対外的ないろんな発信が弱い。だから、お前に託すのは広報戦略だ！」と言われたんです。でも、これ言われてみれば分かりますよね、寒竹さん戦略家ですからね。

その中でその夢を語っていたのですね、モーニングセミナーに行く時に、ある日寒竹さんが読売新聞の千葉版を出すわけです。そこに、「いすみ鉄道社長公募」という記事が載っているんですよ。「お前、鉄道やりたいんだろう？　いすみ鉄道に行け！」と。ありえないじゃないですか、半年前に3つの会社の社長を父から、兄がいますけどね、これも経緯がありますりますけども、「社長をやれ！」と言われて社長になったばかりです。グループの従業員は当時で約300人ぐらいだと思いますけども、社長を受けたばっかりの時に、寒竹さんが、

「お前のちっぽけな会社なんて、ちょろちょろやってたって、たかが知れてる」「千葉県の会長・幹事長・事務長だ。三役の一人が自分の会社も大事だけれども、いすみ鉄道という当時全国で初めて公募する、第三セクターの鉄道の公のためにチャレンジする。お前、倫理実践だろ。これは千葉県の全体的な広報戦略だ、そのために行け！」と私に言った。その読売新聞を見せた時の言葉です。

「自分のためじゃなくて、公のためにチャレンジしたら、その鉄道の件がお前の将来の夢に絶対かえってくるからやれ！」と言うんです。

釣部：はいっ！て言ったんですよね？

吉田：はいっ！て言いましたよ。一生の師匠ですから、でも「はい」と言うかどうかはいいとしても、応募して受かるかどうかわからないじゃないですか？ ３２５名の応募があって…。

◆いすみ鉄道

千葉県夷隅郡大多喜町に本社を置き、日本国有鉄道（国鉄）特定地方交通線の一つだった木原線を引き継いだ鉄道路線いすみ線を運営している、沿線自治体や民間企業が出資する第三セクター方式の鉄道事業者。

経営立て直しのために2007年12月から社長を一般公募し、翌2008年2月に千葉県のバス会社平和交通社長（当時）の吉田平に内定し、同年3月26日の臨時株主総会と取締役会で正式決定し、4月に就任した。

『ウィキペディア』より引用

工藤：そんなにあったんですか！

吉田：一応東大受験より難しい倍率ですが、公募でいすみ鉄道の社長になります。

釣部：アイデア社長でテレビに出られましたよね、僕当時、平さんのこと知らなかったですけど見てましたよ。よくマスメディアに出ていましたよね。その方が、今目の前にいる方とは…。

鼎談する工藤氏と釣部氏

吉田：私が持っている「万人幸福の栞」にその時に書き記したことがちゃんとあるんですよ。いすみ鉄道公募の時のグループビジョン作成日を**「命知元年」**と書いてあります。これはあの松下幸之助が経営理念を改めて作った時に「命知元年」と記した事になぞらえたんですが『人を信じ「挨拶」を大切にする日本の心を社員の幸せとともに広げ、地域にそして社会に貢献していきます。』と！

平成20年1月いすみ鉄道に公募しました。年明けに書類を出して公募したので、もともと、人の移動を生業とする企業として経営理念はありましたが、その上位概念である『人の移動の仕事を通じて社員と一緒に挨拶を広げていきます』というグループのビジョンを創ったのは、いすみ鉄道に公募したときです。これをずっと「万人幸福の栞」の後ろに書いているんですけど、だから倫理としても私の会社のグループビジョンが公募してなければ絶対作れていない。結果、いすみ鉄道の社長になるわけです。

いすみ鉄道公募決定記事

いすみ鉄道

公募の新社長に吉田氏

48歳、バス事業で実績

吉田　平氏

経営難に苦しむ第三セクター「いすみ鉄道」は十七日、昨年十二月から公募していた新社長に「平和交通」(千葉市稲毛区)社長の吉田平氏(48)を内定したと発表した。来月二十六日の臨時株主総会と取締役会で正式決定する。任期は二年。

公募には三十四都道府県から二十一―七十六歳の男女三百二十五人が応募。

このうち、ベンチャー企業社長や元テーマパーク会社役員ら九人が一次選考を通過。今月二十日に面接(一人は辞退)が行われた。

吉田氏は現在、父親が創業した路線バスやタクシー事業など三社の社長。東京駅からの深夜急行バスや住宅地を結ぶ無料買い物バスの運行など新たなサービスを手がけてきた。

また、選考の中で吉田氏は、今後のいすみ鉄道の再建策に優先して「県内企業からのサポーターを募り、広告収入を獲得する」ことを提案。今後はいすみ鉄道に専念するという。

事務長兼務ですから、会社もホールディングにして任せて、千葉市からいすみ鉄道に通うわけですね。朝だいたい3時半くらいに起きて、毎日通って、当然泊まったりもね、地元の旅館にも泊まりましたけども、通うことから始めたということです。

釣部：いろいろアイデア出されて結構メディアにも取り上げられまして…。

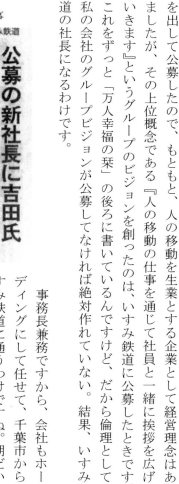

吉田：広報戦略にちゃんと…。

いすみ鉄の中でモーニングセミナー

2008・6/16 読売新聞朝刊

満員列車で
経営講習会

いすみ市の企業経営者などで組織する同市倫理法人会が15日早朝、いすみ鉄道の車両を借り切って経営者向け講習会を開いた。

いすみ鉄道の経営再生に取り組む吉田平社長が県倫理法人会の事務長を務めていることから、毎週木曜に同市内で開いていた講習会の会場に同社の車両を選んだ。

車両定員44人に対し、この日は勝浦、茂原市の経営者を含む計76人が、床に座布団を敷くなどして午前6時18分の大多喜発の列車に乗車。大多喜—大原間を往復する列車内では吉田社長が経営改善への抱負を述べた上で「人口減少の中では、単純な運賃収入だけでなく広告収入が不可欠」と、収支構造の改革を強調した。

参加したいすみ市大原の理容店経営、矢野[illegible]司さん（[illegible]）は「吉田社長のやる気を元気に、鉄道と地元の活性化を期待したい」と話していた。

床の座布団に座る会社経営者らと
標語を朗読する吉田社長（手前）

釣部：その時に倫理法人会事務長とか、みんながあの人が倫理法人会役員だよ、とか言ってくださって…。

吉田：いすみ鉄道の車両の中でモーニングセミナーをやりました。その時の様子が読売新聞に写真入りで出ました。ここからこうやって「万人幸福の栞」を読んでいるところが出ていますから、まさにこのラインマーカーが引かれている「万人幸福の栞」が読売新聞に出ています。その時にこれ広報戦略じゃないですか、意識してないですよ。でも結果的には、そういうような、寒竹さんが言った広報戦略に則ってメディアに取り上げられたということはあります。

釣部：工藤さんここまで聞いていかがでしょうか？

工藤：ひとつひとつが凄すぎて、でも三百何十人も公募して、当然そんな中にはとりあえず手をあげてみようって冷やかしみたいなのもいると思うんだけど、でもそれなりの経営実績のある人たちも結構出してきているでしょ？　その中で平さんが選ばれたというのは何が勝因だったんですか？

吉田：いや分からないですけど、最後は面接ですよね、面接は多分10名以内だったと思うんですけど2次試験ですね、それで誰が面接官かというと株主です。千葉県知事の堂本さんは出ていませんから千葉県の経営企画部長、それから大多喜町長、いすみ市長、勝浦町長に後は多分特別の出資者で千葉銀行の役員の方とかがいたんですけど、それが最終面接でしたけども、もし何かポイントがあるとすれば、やっぱり、房総半島南端の房州千倉の出身なので、まさにその地元のそういったような、出身であるということとそれから旅客事業の経験者、その鉄道とは違いますけども、そういう経験者であったということですね。それから最後に聞かれたのは、「社長だったじゃないですか、どうしますか？」と言われたんですよ。

なので会社は３つのグループの会社及びホールディングスですね、「３つの会社は各社に社長を置いて任せて専念します」と、答えました。それもあったと思いますね。

工藤：でもその最終面接に来られた、10名は、そうそうたる顔ぶれだったんじゃないですか？

吉田：いろんな人がいたと思いますし、年齢も大分幅がありました。

釣部：１月に書類を出して、４月着任でそれまでに会社を色々任せるような…。

吉田：会社を任せて、いすみ鉄道に着任するじゃないですか、その意味でも寒竹さんの広報的な戦略上の意味ではですね。今だったら当たり前ですけども、あの当時やっぱり、ネーミングライツという、例えば今球場とか名前になっているんですよ、企業の。今ですね、有人の駅は1つしかないんです。いすみ鉄道28駅あるんですけどもその中で有人の駅はですね、真ん中の大多喜駅しかないんですよ。昔千葉県で江戸時代に一番、栄えた土地です。本多忠勝という徳川家康のいわゆる参謀がいたんですけど、千葉県で1番栄えていたんですよ。その所の大多喜駅だけ唯一有人の駅で、その大多喜駅が今もですけど、「デンタルサポート大多喜駅」なんですよ。**寒竹さんの会社の名前のネーミングライツになっている**んですよ。あの時からもう10年以上経っていますが、毎年ちゃんとスポンサー料払っていますよ。

（ＴＶチャンピオン企画による：
駅舎リニューアル）

釣部：受かったときに、寒竹さんは、なんておっしゃっていたんですか?

吉田：覚えてないです。ほんとよかったなという、もうその広報戦略通りになって…。

釣部：寒竹さんって、会社持っていて、そん時に、「お前やれよ！」とは言えないかなと思うんだけど、言えちゃう方なんですよね。

吉田：そうですね。なんとも、なんで、そういうふうに言ったのかは…。でも倫理法人会を広めるための、当然普及を今皆さんがやっていますけどもどうでしょうか、やっぱり10年前は知らない人いましたよね、でも今は、倫理法人会と言った時にやっぱり、「聞いたことあるよ」という人が多いじゃないですか？　それをどうやって埋めるかっていう事の戦略の1つとして、いすみ鉄道をうまくリンクさせたってことですね。その後もバンバン、メディアに結構出ましたしね。

2、610万人の千葉県民のための仕事は素晴らしい

釣部：ガイアの夜明けとか出られましたよね。その後ですか、知事選に出られたと…。

吉田：これは、もうとんでもないです。

釣部：これは鉄道終わってからですか？

吉田：いや鉄道の1年目の終わりの途中です。これは、基本的に寒竹さんは関係ないんですよ。ただ当然、いすみ鉄道は関係ありますよね、一生懸命やっていましたので、堂本知事がね、県内の若手の経営者で元気な経営者を集めた、朝食会を何回かやっているんです。ですから、私も朝食会に呼ばれて、当然知事とも面識もあるようになりましたし、元々第3セクターの鉄道は知事が社長なんですよ。みんな兼務の社長なのですが、例えば北総鉄道とか、それを堂本さんは全部やめたわけです。自分の知事兼務はやめて、特に、いすみ鉄道は民間公募で初めて、そういうことでやりました。

それで、たまたま堂本さんに、顔と名前は知られていた。堂本さん3期目でしたけ

ども自分は引退するつもりでしたから、森田健作氏とのいろんな戦いの中で、５人の人に副知事さんとか当事総務省から来ていた人とか。次の知事選出馬のお願いをしたら、みんな断られちゃうわけですよ。３月30日が選挙なんですけども年内で最後、この人は！という人に断られて、もうどうしようもない中で1月を迎えた。

今でも忘れませんけども、15日の夜の８時、知事公舎に呼ばれます。うちの父が堂本さんの支援者です。位置関係で言うと、まさに工藤さんがいて、私がいて堂本さんがいて、その中で、当然なんとなくその雰囲気でことが分かりますから、当然父は堂本さんの応援者でありましたけども、父と一緒に行った時に父が切り出します。

「うちの息子にそういったような話がいただけるのはありがたい。ただいすみ鉄道も緒に就いたばかりだし、ましてや実は妻が1年前ちょっと病気で手術しましてね、嫁さんもちょっと調子が悪いので堂本さん申し訳ないですけど…」

と、うちの父が工藤さんの位置関係で断りました。この２人の会話をずっと脇で見ていただけですけど、その父が断った後にですね、堂本さんがまさにパッとこちらを見て、あのもう、ヘビとカエルですよ。本当、もう赤子の手をひねるが如く、

「平さん、いすみ鉄道の公の仕事は素晴らしい仕事です。一生懸命やっていただいてありがとうございます。ただ**６１０万人千葉県民のための公の仕事は本当に素晴らしい**

仕事ですよ。やってくれませんか？」とスパーンと言われて、「はい、やらせていただきます」と即答して…。

釣部：お父さん、びっくりですよね？

吉田：もう父は。「平、それでいいのか？」ともう、一瞬の間で…。

釣部：いすみ鉄道は、何年やったら…。あと3年ぐらいですか契約は？

吉田：いや、いすみ鉄道のベースは、取締役期間ですから、2年ごとの更新です。はい、それの1年の終わりの時ですね。

釣部：じゃあ別に雰囲気としては更新という。

吉田：いや2年の1年目ですから全然、結構盛り上げていましたし、そのまま何年間かはやるというつもりでした。だから、選挙の時は、「途中で投げ出した」と言った人もいますし、当然そういうこともありましたけども、でも選挙に出ちゃうわけですよ。

釣部：お父さんもびっくりして、奥様はどう言ったんですか？

吉田：いやもう当然堂本さんが5人の人にお願いをして、断られた理由が全員一緒で、その場で答えずに家に持ち帰って、全部奥様の反対で受けなかった。吉田平だけは、唯一その場で答えちゃって、家に帰ったら嫁さんは、もう能面の顔ですね。もう大反対、言葉も出ないっていう…。

釣部：その時に、「話を持ち帰る」というのは、言葉が出なかったのは、またどうしてなんですか？

鼎談中の三人

吉田：堂本さんに言われて、他の人達はですね、私は「はい」と言っちゃいましたけどあの私の前の堂本さんが5名にお願いした人たちが、全員が全員とも堂本さんの目の前では結論を出さずに、「持ち帰らせていただきます」と言って、結論を家に持ち帰って、奥様の反対で全員が知事選やりませんという結論になったんです。

釣部：吉田さんは、どうして持ち帰るとは言わないで即答しちゃったのかっていう…。

吉田：ヘビに睨まれたカエルですよ。堂本さんは、そのぐらいすごいんです。別に倫理が、「はい！」だから「はい！」じゃないですよ。全然そういうことじゃないですね。

釣部：そこは寒竹さんも関係ないし、でも、いすみ鉄道があって面識がなければそれもない…。

吉田：いすみ鉄道に行ってなければ知事選に出ることは絶対なかったですね、もとを辿れば、倫理法人会に入会してなければ絶対ありえないですね。

釣部：工藤さんこの決断経緯どうですか？

工藤：やっぱり堂本さんって魅力的な方ですね、お話伺うとね、素晴らしい政治家ですよね。**倫理法人会にご縁する人って、もともと倫理的なところがある**と教わりますけど、そういう人に対して、「６１０万人の千葉県民のための仕事は素晴らしいですよ」と、堂々と言うって、それは信念がなければ言えないですよね。相手を何か言いくるめるためのトークとして、そんな言葉は出て来ない、それを感じ取った平さんが、「はい」と言っちゃうのは分からんでもないなというか、素晴らしいですね。

釣部：選挙戦に入って、相手が森田健作さんですが、聞くところによると６４万票が入ったという…。

吉田：本当にありがたいですね。選挙のあの当時は、別に私の主義主張がそうだってことではないですけども、民主党の推薦ということで、ちょうど政権交代、自民党から民主党への政権交代のタイミングの中での風で、勝てるかどうかですね、森田健作の知名度に対してという選挙戦術です。でも最後いろんなことがあって、失速して当然ですね、もう情熱と勢いだけでは勝てないですね。

釣部：選挙で負けた時は、「私の不徳の致すところです」みたいなのをテレビでやったんですよね？

知事選挙出馬会見写真

吉田：やりました。YouTube に残っていますよ。全ては自分の責任ですよね、選挙というのは…。

釣部：でも、ある意味森田健作さんが出てきて、堂本さんとか民主党票があっても、これは厳しい選挙ということは、もう最初からは覚悟の上で…。

吉田：選挙のことを考えて「はい」なんて、絶対言えないと思うんです。当然、そんなので勝てるわけはないですもんね。あるいは当然お金がかかりますから、こういう場面なので、具体的な額は言いませんけども、少なくとも1本以上のお金が1本いくらかは別にして…。

釣部：想像するとして、その時に出たことにメリットがあるなんかとも考えてないですよね。

吉田：全くそういうのは考えてないです。

釣部：奥さんとはいい関係ではなく、疲れて帰ってきても奥さんと口きくかどうかみたいな…。

吉田：とんでもないですよね、夫婦愛和だったら勝てる。真逆ですよ。勝てるわけないじゃないですか。

釣部：口きかない感じになっちゃう。

吉田：そうですね、私自身もクタクタですよね、毎日毎日、もう本当に朝から晩までですね。

釣部：会議して、取材を受けてっていう…。

吉田：その連続ですね、選挙期間は具体的には当時20日間ですけども、実際に決めたのは1月15日で、それで3月30日の投票ですから、もうありえないですね。もう無謀としか言いようがない。でもその勢いとしてどうかというのは、実際の選挙のなかで感じましたけども…。

釣部：奥さんの、選挙応援はなかったんですか？

吉田：最初はもう大反対でしたけども、でもさすがにですね、ボランティアの人がすごい手伝ってくれたんですよね。事務所の手伝いは、途中から妻もやってくれました。もうそれは、ほんと感謝したいと思います。で、最後の最後ですね、反対だったんですけども、最終日の千葉駅の朝の駅頭で、妻が最後応援演説に立ってくれました。反対していたことからすれば、あり得ないんですけども、何か感じてくれたんですかね、あれは周りが、やっぱりそのなんていうんですかね。「妻の応援の一言というのは聴衆に効くよ」という風に、妻を説得してくれたのかは、それは分からないですよ。最後マイク持ってくれて、原稿なしで…。

釣部：あれですかね、多分奥さんからすると、単なる自分の旦那じゃないですか、夫が何十万人からも支援を受けている姿を見たら、ちょっと自分は何だったんだろうとか思ったりもしたんでしょうかね。

吉田：なんか、やっぱり夫唱婦随というんですか、選挙一緒にというタイプの人もいるし、バックヤードで事務所の方と応援をやっているけれども表には出ないという、やっぱり、こう妻でもタイプがあるじゃないですか？　うちの妻はどっちかっていうとそのバックヤードのタイプ、普通はですよ。ですから、最後に演説してくれたのはびっくりですね。

釣部：工藤さん、その奥様が反対されても、堂本さんに言われて決断しちゃったとか、最後の奥様が応援演説に来たとか、素敵なお話だなというか、よく決断したなと思うんですけど…。

吉田：今でも恨んでもますよ、嫁さんは…。

工藤：私たちの倫理の勉強会の中では、**女房が反対することは絶対に成功しない！**と言われてるから、だからそれは結果としてはそうなんでしょうけど、最後立ってくれて嬉しかったですよね。

吉田：それはもう本当に感謝ですね。

第三章　東京駅～成田空港間の高速バス事業に参入！

万代宝書房
万人の知恵
CHANNEL
富は一生の宝、知恵は万代の宝
千葉県知事選挙落選で社内の求心力に影…
思わぬ繋がりでLCC高速バスへ躍進!!

いすみ鉄道社長就任の際は、社員は、表裏で応援してくれたが、知事選立候補の際には、社員は賛成派と反対派に二分され、社内の求心力に影が…。

しかし、知事選に立候補したことからの縁で、東京駅と成田空港間の高速バス事業への参入ができた。しかし、時は、コロナ禍で、もろに影響を受ける。生き残りをかける中、経営理念「人が移動したいというニーズに対して、安心で快適なサービスを提供することを通じて、社会に貢献します。」を貫く決断をした。

1、父と堂本さんの縁が繋いだ東京〜成田間の高速バス

釣部：それで落選されました。鉄道会社も辞められている…。

吉田：そうですね、そこで当然やめて選挙に出ていますから、自分の事業に戻るわけですけど、もうやっぱり針のむしろだった。実は帰ってきてね、3月で終わって1ヶ月元気でしたね、1つ何かまだエネルギーを保ったままで、ところが連休のタイミングで腑抜けになっちゃいました。だからエネルギーが切れてですね、モーニングセミナーも行かなくなっちゃったんですよ。

それから一番こたえましたのは…。**選挙を直接手伝ってくれた社員と一方で会社を守ってくれていた社員との間に亀裂が生じたことです。**実はですね、うちのグループの社員ほぼ全員が、いすみ鉄道まではすごく応援してくれたんですよ。旅客事業の延長線上だったということもあるのかもしれないし、結構私は夢として路面電車をやりたいとよく常にメッセージで言っていましたから、そういうつながりがあるなというのは社員や運転手さんも、応援のそういうこともありましたから、理解してくれたと思うんです。

ところがやっぱり知事選に対してはもう二分裂、直接応援したメンバーはその大変さだとかあるいはその選挙に向かっている私心ないような姿を目の当たりしているので、ものすごく応援してくれたんですけど、会社を守ってくれてたメンバーの中でいえば、「何、選挙なの？」と。「じゃあ、うちらの会社これ、将来、平さんが受かる受からないじゃなくて、どうなっちゃうの？」という感覚ですね。だから、もう会社の中が二分しているというのが、戻ってきて本当によく分かりました。

だから、そういう面では、もう心身がバラバラ、会社の中のスタッフもそうだし、運転手さんたちの中にも、こうなんか微妙な空気感というので、そこに、もうなんか疲れちゃって、モーニングセミナーも出ないような、だらしない吉田平がいました。

釣部：その時は役職がない時期、選挙で一回離れてっていう、その後に成田空港にバスを出せるように…。

吉田：東京〜成田の…。

釣部：ならないですよね、今の話を聴くと普通バスは入れないですよね。ましてや東京駅じゃないですか？　それはどういうご縁で？

吉田：これはですね、ちょっとその前に戻ってお話をすると先ほどの堂本さんのことが素晴らしいという話をしていたと思うんですけど、私は堂本さん本当に素晴らしいと思います。なぜかと言うとですね、成田空港って反対派がいるじゃないですか。今だって地下に住んでいるんですよ。ところが今は飛行機の滑走路が短くなっても飛べるんですよ。だから、今地下で住んでいるところは使わなくていいです。

知事時代に3回、いろいろ長くかかりましたけど、直接その反対派の住んでいる家族の所に1人で、説得に言っているんですよ。そんなこと知事がやるわけがないし、幹部もやりません。その堂本さんが、そこまでやっていたので、当時の成田空港の誰とは言いませんけども、成田空港の責任者の方が堂本さんに対する、ものすごい信頼があったわけです。その堂本さんが、やっぱり森田健作は自分の考えとは異なるので、吉田平を現役知事として応援してくれた時に、そうやって色んな所に紹介してくれたんです。お名前はどうしても言えませんが、当時の成田空港の責任者の方との縁を作ってくれたわけですけれども、知事選が終わって会社に帰ってきた時に、高速バス事業に新しくチャレンジしたんですね。地元から東京駅に行くという高速バスの事業なんですけど、たまたま一番最初の話にちょっと戻っちゃうんですけども、全国に4000以上バス会社がある中で、なんと東京駅の駅前に千葉のこんな小さな会社が専属で使えるバス停の許可もらってたんです。そのような中で成田空港の企画部門の方と打合せをしている時に空港需要の激変。羽田空港が国際空港に名乗りを上げてた問題も出てきたんです。

東京〜成田空港1000円バススタート広報

そんな激変の中で何かいい提案をしてくれませんかという話があったので、これは大チャンスだと思って…。

「うちだったらば今、東京〜成田空港間はリムジンバス3000円です。あるいは今度LCCにあたってピーチさんだとかあるいはJAL系のあのジェットスターだとか、北海道まで5000円で行きます、そういう飛行機を飛ばすという時代になる中で、成田〜札幌間が5000円なのに、東京〜成田間3000円はおかしいじゃないですか。なので、うちの会社がやるんだったら、もう半額以下でね。新しいＬＣＣバス計画できますよ」と提案しました。企画部門は大乗り気だったんですよ。

　ところが既存の圧力によってつぶされそうになった時に、その堂本さんとのご縁な方にお会いをしたら、「これから成田空港はいわゆる羽田空港といろんな競争だったり、ＬＣＣをどんどん呼び込んでいくためにはね、吉田さんのような新しいチャレンジをする、そういったバス会社にも入ってもらわなければいけない、ＬＣＣも入ってもらわなければいけない、是非やってください」ということでその人がいなかったら認可されなかったですね。

当社高速バス写真

釣部：あれは、成田空港側の停留所の場所と…。

吉田：その場所をいいよと言ってくれた、東京駅はあったから、そこを使えば成田空港と東京駅を結ぶ新しい旅客輸送高速バスが可能となる。責任者の方が「新しい会社にやらせるべきだ。」と応援していただいた。社内でＯＫしてくれなければ、うちは入れませんでした。これを裏返すと、知事選で堂本さんとの縁がなければ、成田空港での縁は無いってことですよね。倫理法人会に入ってなければ、やってないのでなんていうんでしたっけ、「風が吹けば桶屋が儲かる」ということになっちゃいますけど…。

当社グループ高速バス

釣部：これは狙えることじゃないですしね。

吉田：だって狙ってやることじゃないですもん。

釣部：共同運行ですか？

吉田：そうですね、成田―東京間は、今ＪＲさんと京成グループさんと共同運行になっています。

釣部：全部ですよね、成田東京は…。

吉田：本当にある意味では、その3社がものすごいパイプの今は、コロナで厳しいですけども…。去年の2月にスタートした時は東京～成田間高速バスで284便です。1番忙しい時間帯はもうほぼ5分に1本出ているような、全国一の基幹ラインとして去年からスタートしました。でもコロナ大激震で…。

釣部：今バスだと移動が制限されているじゃないですか、そしたら会社的には相当厳しい…。

2、人の動きを徹底的にやる

吉田：相当なんて言うもんじゃないですね。だいたいニュースで出てくるのは、当然で飲食店さん厳しいですよね、そこで出てくる映像って言ったら、ＪＡＬ、ＡＮＡじゃないですか。あるいは、ＪＲさんがもう創業以来の最大の赤字、いわゆる鉄道事業、バス事業あるいは、タクシー事業、みんな大打撃、ましてや成田は誰も来ないじゃないですか、海外から。誰もいないってことはないですけど、その渦の中に今、飲み込まれていいます。

釣部：でもリストラとかされてないんですよね、これやっぱり、倫理を学んでいる中でどう社員を守るかっていう…。

吉田：そうですね、それはもう決めてしまいました。雇用と、それからお給料は賞与は厳しいですけども、去年出したお給料を雇用調整助成金なんかをもらいながらですかね、「そのまま出す」と決めちゃいましたね。

釣部：あとは運転手さんを派遣するとかそういうのは考えなかったですか？

吉田：もう当然、何とかして会社を守るために、二種免許のバスの免許を持ってれば運送の仕事もできるじゃないですか？　やっぱり物流は動いていますよね。例えば、食料品のイオンさんとかイトーヨーカドーさんとか、どんどん逆に仕事増えました。

倫理の仲間である運送会社に最初にお願いしに行きました。千葉でも有数の運送会社の会長さんの所に行きましたら、息子さんの社長さんが出てきて1週間後に、千葉営業所の所に社長さん、千葉営業所長さん運行管理者、うちも私と運行管理者とうちの運転手さんで、３対３でお会いした時に、倫理の仲間は本当に素晴らしいんです。

「昼間の12時に出て夜の11時までの手積み手降ろしじゃない、運転さえできればできますよ」という３６５日のお仕事を用意してくれていたんです。１週間後にありがとうございます！とやろうと思ったんですけど、では具体的な詰めは現場同士でやりましょうね！と言って帰ってきて、見たのがうちのグループの経営理念、「人の移動を徹底的にやるよ」という経営理念がバッと目に飛び込んできた。物流の仕事が駄目だというんじゃなくて、物流の仕事をやるよと会社で決めてないじゃないですか、いやＪＡＬやＡＮＡがね、トヨタとか、あるいは市役所に出向したりしていますよね。

その経営理念が良いか悪いかわかりませんけど、**うちは人の移動ということやるよって経営理念**だったので、運送会社さんにお願いをしましたけど、はたと気が付いて、もう出向させるのをやめました。すぐに、謝りに行きました。休みは、もう休んでもらって、後は雇用調整助成金をもらったり、もうあとは売り上げも半分ですから、如何に金融の調達をするかというふうに動いたってことですね。

釣部：なんか、すごいなあと思うのは、そう決めたらやるし、受けきるという…。

吉田：**経営理念に基づいて決めると決めたらそうしました。倫理を学んでいたからその選択をした**と言えます。自分なりの体験です。

釣部：もうお時間がなくなってきたんですけど、工藤さん聞いていていかがでしょうか？

工藤：いやもう信念の人ですよね。平さんは。決めたことは絶対守るという、栞にもそんなの書いてありましたけどもね、なかなかできないじゃないですか？　その時その時で、事情考えても、やっぱり…とか言ってブレるじゃないですか？

でも、それが寒竹先輩についていくと決めたら決める、堂本知事に「お願い！」と言われたら、「わかりました！」と言う。それで「やる！」と言って、派遣出向みたいなの出そうって…。

吉田：出向させようって言って、別の方にブレそうになっちゃうんですから、そこはちょっとやっぱ人間ぽいって思って頂きたいですけど…。

工藤：でも結局、また戻ったじゃないですか。凄いですよね、だから、やっぱり凄いんでしょうね、色んなことが起きるんでしょうね。

吉田：まだこれからね、まだまだ、色々なんて言うか事業としては、ほんと戻っていませんし、今後1年後とか2年後、どうなっちゃうかは分かりませんが、それに決めちゃいましたので…。

釣部：僕は、寒竹さんのことがすごく気になるんですけど、何でそこまで行けるのかと思えたのかという中に、寒竹さんは人間的に魅力はあると思いますけども、なんかやっぱり雰囲気なり、人格なり、説明するものが違ったりするんですかね。

吉田：それもありますけど、冒頭に言った、兄との関係の中で、兄と私はもう小学校の時に兄のあとを追っかけていて、兄のことが大好きで、その別な意味での出会いが寒竹さんとの中で起きたというのは、なんとなくそう思います。ただそれが何でなのかという理屈は、もうわかんないですね。出会いの一瞬と、その後の寒竹さんが私を導いてくれた、やっぱり育ててくれた。絶対、こう言ったらちょっと変な話ですけど、「絶対に将来、お前は県の会長になるよ」と言われましたから、そういうなる・ならないは分かりません、でも、そういうふうに倫理をしっかり学んで、そういう役目を絶対やらなきゃいけない！　というのを今から10年前に言われました。

釣部：我々倫理では、「幽顕出入」とか幽界と顕界ということでね、僕はいつも工藤さんから学んでいるんですけども、そういうことも寒竹さんもおっしゃっていた？

吉田：本質論がすごく大好きですし…。

釣部：唯一、言うことを聞いていなかったのが、ボクシングだったという…。

吉田：最近だと、山ですね、あの第4条にあるじゃないですか、49ページでしたっけ

「太上は天を師とし、其次は人を師とし、其次は経を師とす」という項目です。つまり1番はもう天ですよ、2番目は人ですよ、3番目は本ですよ、とよく言われるんですよと。

「お前はもう本当にモーニングセミナーもよく出てたり、色々偉そうに講話とかしても、そんな人との交わりばっかりしてどうするの？　何よ、古事記の勉強、本ばっかり読んでたって、駄目だ。ちゃんと書いてあるだろう、「天を師とし」だから、俺は山に登るんだ」と言うんですよ。なので、「分かりました！」と言って、山は一緒に行きしたよ。

だけど10年前に、ボクシングやるっておかしいじゃないですか？　いくら師匠で、「はい！」と言ったって、やってなかったわけですよ。唯一、やれ！と言われて、やってなかったのが、ボクシング、ボクササイズですよね。ボクシングなんですが、去年の12月にあることがきっかけで、唯一やってないのをやってみようかなと思って、2月からボクシングをやっています。もう4ヶ月経ちました、言われた意味がわかってきました。

釣部：なんでですか？

吉田：健康ですね、やっぱり1週間に1回、もうガッと汗が出て血液が循環するような激しい運動を、1週間に1回ぐらいやるのが、もう絶対に健康にいいし、経営者はやっぱり健康が第一、長生きしなきゃいけない、それはやっぱりやってみなきゃ分からなかったです。ガラっとこう自分の体感が2ヶ月位経って、やっとわかったって感じでしたね。わがままでしたね。

釣部：これからも、何があるか分からないですけど、これをご縁に色々教えてください。じゃあ1時間経ちましたので最後に1時間やってみていかがでしたか？

吉田：いや他の人もそうかもしれませんが、なんかあっという間でやっぱり引き出し方のおかげだと思うんですけども、本当に自然に話ができました。本当に感謝したいと思います。ありがとうございます。

釣部：工藤さん、いかがだったでしょうか？

工藤：いやいや、もう本当に勉強になりました。もう本当にありがとうございます、というか、よく来てくださいましたって感じですよね。本当、これからもどうぞ宜しくお願いします。ありがとうございます。

釣部：では、時間となりましたので、今日はこれで終わらせていただきます。ギャラリーの皆さんありがとうございました。どうもありがとうございました。

◆プロフィール

吉田 平（よしだ たいら）
1959 年 11 月 千葉県南房総市千倉町平磯生まれ。東北大学工学部卒業、リクルート入社 12 年間のサラリーマン生活を経て、35 歳の時、父親が経営するバス会社: あすか交通（株）、平和交通（株）に入社。
2008 年 1 月　千葉県の第三セクター鉄道「いすみ鉄道社長公募」に応募し合格。同年４月より、いすみ鉄道社長。
2009 年３月　千葉県知事選挙出馬 64 万票得るも森田健作氏に惜敗。
2010 年４月　西岬観光（株）、あすか交通（株）、平和交通（株）のバス・タクシー旅客事業の統括会社ビィー・トランセホールディングス（株）を設立し代表取締役に就任現在に至る。

〈倫理法人会関連〉
2004 年１月　千葉市美浜区倫理法人会入会、美浜区倫理法人会会長、千葉県事務長、副会長を歴任
2017 年９月～2019 年８月　千葉県倫理法人会会長
2020 年９月～（一社）倫理研究所　法人スーパーバーザー

いすみ鉄道公募社長から、知事選に出馬

師匠との出会いと信じる力 吉田 平氏が語る！

2021年9月23日 第1刷発行

著　者　吉田 平　工藤直彦

発行者　釣部 人裕

発行所　万代宝書房

〒176-0002 東京都練馬区桜台1-6-9-102

電話 080-3916-9383　FAX 03-6914-5474

ホームページ：http://bandaiho.com/

メール：info@bandaiho.com

印刷・製本　小野高速印刷株式会社

ISBN　978-4-910064-52-9　C0036

装丁・デザイン／山内 晴美